Eingezeichnet in deine Hände

Clemens Stroppel (Hrsg.)

Eingezeichnet in deine Hände

Gebete

Mit Bildern von Sieger Köder

SCHWABENVERLAG

www.schwabenverlag.de

Gestaltung: Finken & Bumiller, Stuttgart
Umschlagmotiv: Sieger Köder, Elija am Horeb
Herstellung: Süddeutsche Verlagsgesellschaft, Ulm
Printed in Germany

ISBN 3-7966-1156-7

Inhalt

Vorwort »Eingezeichnet in deine Hände«: Dieses Bildwort aus dem Buch des Propheten Jesaja (Jes 49,16) hat den Malertheologen Sieger Köder schon früh und nachhaltig angesprochen. Bereits in seiner »Tübinger Bibel«, einer Zusammenstellung von 49 Zeugnissen seines Ringens um alt- und neutestamentliche Worte der Heiligen Schrift, hat er diese Hände eindrücklich ins Bild gesetzt. Die schöpferischen Hände Gottes, die die Welt ins Leben entlassen[1], die in die Freiheit rettenden Hände Gottes[2], seine zum Schutz bergenden Hände[3] und schließlich die treuen Hände Jahwes, des ›Ich-bin-da-für-euch‹, die sich die Menschen eingraviert haben[4].
»Eingezeichnet in deine Hände«: Dieses Wort kann wohl als ein Grundton des künstlerischen Schaffens von Sieger Köder ausgemacht werden, das diese trostvolle Botschaft Gottes ergründet und auf seine spezifische Art in je neuen Farben und Formen verkündet.
Unter diesem Horizont entdeckt der Künstlerpfarrer immer wieder nicht nur »neue« biblische Themen abseits der ausgetretenen Pfade, er setzt auch überraschende Einzelheiten ins Bild. Dies gab Mut, hier auch Ausschnitte seiner Bilder wiederzugeben. Die darin aufscheinenden allzu menschlichen Erfahrungen inspirierten zu Gebeten. Mit Sieger Köder greifen sie nach dem lichtenden Horizont Gottes aus, hoffnungsvoll oder in dankbarer Freude, suchen ihn aber auch müh-

selig in bedrängender Angst, mit Zweifeln und Fragen. Die Gebete laden ein zum Mitbeten, Nachbeten und Weiterbeten, stammelnd vielleicht, die Gebetsworte aufgreifend oder glücklich, einstimmend in die Worte des Dankes und der Freude. Sie laden ein zum eigenen Beten vor dem Horizont des treuen Gottes:

»Jahwe hat mich verlassen,
der Herr hat mich vergessen,
(sagen sie im Volk Gottes).
Vergisst etwa eine Frau ihren Säugling,
hört sie auf, das Kind ihres Schoßes zu lieben?
Und wenn sie es vergäße,
ich vergesse dich nicht.
Siehe,
ich habe dich eingezeichnet in meine Hände!
(Wort des Herrn).«
(Jes 49,14–16)

Clemens Stroppel

1 Rainer Ruß (Hrsg.), Sieger Köder. Eine Tübinger Bibel in Bildern, Stuttgart 1998, 71: Bild zu Gen 1,2–3.

2 Ebd. 101: Bild zu Ex 19,3–5.

3 Ebd. 77: Bild zu Ps 139,5.9–10.13.15.

4 Ebd. 69: Bild zu Jes 49,16.

Aus Freude und Dankbarkeit

(Dtn 28,47)

Das möchte ich können, mein Gott:
tanzen wie Mirjam.
Tanzen, wenn alles überstanden ist,
tanzen, auch wenn noch die Knie zittern,
tanzen, obwohl das Land der Knechtschaft
noch in Sichtweite ist.
Nicht einfach denken:
»vorbei«, »noch einmal Glück gehabt«;
sondern bekennen:
»Du, mein Gott, bist hoch und erhaben,
Rosse und Wagen warfst du ins Meer.«
Du, Gott, bist bei mir.
Du rettest mich,
führst mich ins Freie
auf Wegen, wo keine sind.
Du bewirkst,
dass ich aufbrechen kann
und gehen
und durchhalten
und ankommen.
Was mein Leben bedroht,
was mich klein macht und festhalten will,
schaffst du für mich aus dem Weg.
Ich will vor dir tanzen.
Ich möchte feiern,
dass du, Gott, mein Retter bist.

M. F.

Herr, mit größtem Eifer und auf vielerlei Weise versuche ich, die Melodie zu finden, die zu mir passt, die mich erfüllt und anderen gefällt.
Begeistert gehe ich ans Werk. So manches Mal glaube ich, sie gefunden zu haben. Doch bald beschleicht mich Argwohn, weil das Selbsterfundene nicht wirkt. Es verhallt irgendwo im Nichts.
Immer freudloser wird mein Suchen. Enttäuscht und atemlos halte ich schließlich inne und spüre die Schwere von Vergeblichkeit und Leere.
Da, mitten in meinem Elend, dringt ein zarter Laut an mein Ohr – und ins Herz. Immer deutlicher lässt er sich vernehmen und wächst an zu vollendeter Harmonie.
Unbeschreibliche Freude! Kein Zweifel: Das bist du, so echt und wahr, so treu und voller Güte. Und das bin ich – in dir.
Jetzt erst geht mir auf, du lebst schon längst in mir, doch ich bin taub für dich gewesen.
Von nun an wird mit dir mein ganzes Leben zu Musik und vermag so, andere Herzen anzurühren.
Mein Herz jubelt vor Freude.

R. R.

Lang war die Nacht und vertrocknet die Freude,
blind und verloren irrte ich umher,
die Angst mein Begleiter und die Sterne weit.
Ich spürte mich nicht, noch den Hauch deines Atems.
Müde und kraftlos verließ mich die Hoffnung,
Tränen versiegten im leeren Blick.

Meine Freude keimt an der Quelle der Hoffnung,
wie eine Blume wächst mein Dank zu dir.

Inmitten der Wüste, verschlossen und taub,
berührt mich achtsam und zart
wie Tau auf der Haut die Ahnung von Leben.
Leise vernehm ich das Quellen des Wassers.
Bist du da: du Ursprung, du Quelle, du Leben?
Erleichtert mischen sich Tränen mit Tau.

Meine Freude keimt an der Quelle der Hoffnung,
wie eine Blume wächst mein Dank zu dir.

Aus göttlicher Quelle schöpfe ich wieder und trinke
das Wasser des Lebens in einem Zug.
Freudig füllt sich mein vertrockneter Leib.
Es fließt, es strömt. Ich nehme das Leben
offen und dankbar aus Gottes ewigem Quell –
damals, heute und jeden Tag neu.

Meine Freude keimt an der Quelle der Hoffnung,
wie eine Blume wächst mein Dank zu dir.

S. H.

Jakob auf der Flucht –
erschöpft am Boden.

Ihm öffnest Du
Deinen Himmel
und malst ihm Bilder
der Verheißung von Leben
in sein Herz.
Du lässt ihn ausruhen in Deinem Wort:
»Ich bin mit dir
und behüte dich,
wohin du auch gehst.«

Öffne Deinen Himmel
immer wieder
den Menschen auf der Flucht,
denen, die schuldbeladen gehen,
denen nichts bleibt
als der Stein unter ihrem Haupt,
den Lebensmüden –
den unzähligen Kindern Jakobs.

Spreche wieder Dein Wort
in die Nacht:
»Ich bin mit dir,
wohin du auch gehst.«

H. V.

Aufgehen und untergehen, erhellen und verdunkeln
Blühen und verwelken, durchscheinen und verhüllen

Verheißung und Erfüllung, Vergangenheit und Zukunft
Offenheit und Verschlossenheit, Freiheit und Zwang

Hoffen und bangen, loben und klagen
Finden und verlieren, glauben und zweifeln

Harmonie und Zerstörung
Dankbarkeit und Vergesslichkeit
Liebe und Feindschaft, Schönheit und Hass

Vergänglich und ewig, abends und morgens
Jetzt und allezeit, wachend und schlafend

Schöpfer und Geschöpf, Zeit und Ewigkeit
Himmel und Erde, Leben und Tod

Gott – Du mein Gott

Du Anfang und Ende
Mein Ursprung und meine Vollendung

Du ewiges Licht
Meine Hoffnung und meine Erfüllung

Gott – Geheimnis und Wahrheit
Meine Freude und meine Zuversicht

Ehre und Dank sei dir, Gott
Du mein Gott

W. T.

Schwer sind die Füße vom Aufstieg aus der Tiefe,
aus der Verstrickung der Niederungen.
Ich spüre das Netz –
geknüpft aus den Sorgen des Alltags
um Arbeit und Erfolg, Anerkennung und Liebe,
geknotet aus den Ängsten
um Gesundheit, Friede und Zukunftshoffnung.
Netze der anderen und meine eigenen.
Vor dir, o Gott, sitze ich hier als Spitze
des Berges menschlichen Lebensgesteins.
Du machst mich frei – es trieb mich empor,
um den Weitblick zu gewinnen.
Unter mir liegen die Nebel des Tales.
Die Augen suchen das Licht,
meine Seele streckt sich aus nach Weite.
Wo ist der Tag, der neue Tag?
Ich will ihn rufen.
Schon hat das Morgenrot mich ergriffen
und wärmt meine Seele
und bringt ihre Saiten zum Klingen.
Gott, du bist da, dein Tag bricht an.
Ich danke dir für den Himmel über der Erde,
für das Licht über dem Dunkel,
für die Freiheit über den Netzen,
für die Zukunft am Horizont
und für deine Treue zu den Tälern.

H. Sch.

Am frühen Abend
eines beliebigen Spätsommertages,
an dem kein Wunder geschehen ist und
kein besonderes Glück hereingebrochen ist,
die Fenster weit öffnen
für die zeitlose Freude eines Augenblicks,
den du, Gott,
vor mein Fenster gemalt hast,
um mich herauszulocken
aus der Enge meiner großen Ansprüche,
die so wenig Platz lassen
für überraschende Momente deiner Gegenwart.
Die Augen reiben
und hinaufblicken zum Berg,
auf dem du Wohnung genommen hast,
dem fernen Glockengeläut lauschen,
die Stille des Augenblicks einatmen,
die Farben auf der Netzhaut der Seele speichern,
mich aufrichten wie die Rose,
die schon die ersten Blätter weggeworfen hat
und doch noch nicht aufgeblüht,
ihr Geheimnis verbirgt
als würde es ihr genügen,
an diesem einen Tag
im großen Farbenspiel deiner Liebe
eingetaucht zu sein.

A. D.

Gott, du bist für uns
wie eine liebende, sorgende Mutter.
Wir Menschen, deine Kinder,
haben es wohl verlernt,
diese Kindlichkeit zu leben:
sei es in der offenen Geste des Mädchens
oder in der zärtlichen Berührung,
im suchenden Blick des Jungen.

Und doch, es ist die Wirklichkeit.
Es erfüllt mich tiefe Freude,
dass es so etwas gibt!

Du Gott in der bergenden, hoffnungsvollen
Umarmung für uns Menschen.
Jeder Mensch, ob Mann oder Frau, ob alt oder jung
hat Platz auf deinem Schoß,
findet Schutz in deiner Nähe,
Liebe in deinem zärtlichen Erbarmen.
Von dir geliebt und angenommen
kann ich froh sein – inmitten aller Bedrängnis,
Unsicherheit und Fragwürdigkeit.
Danke für die Annahme und den Platz bei dir.
Mauern und Grenzen gelten nicht,
weil du in deiner sanften Art alles in Händen hältst.
Danke, dass wir das nicht besorgen müssen –
Es ist deine geschenkte Liebe, gratis!

P. L.

Es sind zu viele, Herr!
Sie haben kein Brot,
sondern sterben grausam an Hunger.
Sie haben kein Wasser, noch weniger Wein,
sie verdursten vertrocknet.
Und viele berührt, sterbend,
keine tröstend bergende Hand.
Das ist kein Leben, Herr,
sondern todschwangeres Sterben auf Raten,
unaufhaltsam, mitten unter uns in der einen Menschheit.
Und wir?
Wir haben zu viel an Brot
und drohen am Überfluss zu ersticken.
Wir sind so trunken von unserem Reichtum,
dass wir den klaren Blick verlieren.
Tatenlos stecken wir unsere Hände
in die gefüllten Taschen.
Doch eingestreut in unser sattes Leben
holst du uns an deinen Tisch.
Du willst uns wandeln:
dass Brot wir werden füreinander, damit der Hunger
weicht, und Wasser des Lebens teilen, damit niemand
verdurstet, und dass unsere Hände frei werden, damit
wir endlich handeln.
Herr, brich unseren Widerstand,
wenn du uns wandeln willst.
Es wäre ein Segen für die Welt.

P. M. Z.

Manchmal berge ich mich, Muttergott,
im blauen Schatten deiner Flügel.
Dann wachse ich an dich heran,
lege mein Ohr an dein Herz,
komme zur Ruhe beim Schlag deines Herzens,
dessen Rhythmus mir zuflüstert:
Ich bin bei dir.

Manchmal suche ich deine Fürsorge, Muttergott,
die sich wie die Blätter einer Rose
sacht um mich schließt.
Dann atmest du mir wieder Leben ein,
den Atem der Entspannung,
den Hauch Hoffnung:
Ich bleib bei dir.

Voll Freude schlägt dann Herz an Herz,
geht Wärme in Wärme über,
wachsen unsere Körper zu einem zusammen.

Voll Dankbarkeit schlafe ich dann an deiner Brust,
meine Mutter, mein Gott,
kann das Leben lassen, kann Ruhe finden
und still werden wie ein Kind im Mutterschoß.

Du bist bei mir. Ich bleib bei dir.
Verwoben sind die Tücher unseres Lebens,
die niemand zu zerschneiden vermag.

TH. M.

In Bedrängnis, Not und Angst

(2 Kor 6,4)

Jesus, ich gebe zu:
ich habe Angst – vor vielen Dingen.
Ich habe Angst, wenn ich
morgen nicht mehr »gebraucht« werde,
eines Tages anderen zur Last falle,
dem Leben nicht mehr gewachsen bin.
Dann sehe ich dich im Garten Getsemani
hilflos, am Boden niedergestreckt,
Du, der seine Jünger fragte und mahnte –
»Wovor habt ihr Angst?
Warum habt ihr Angst?
Habt ihr denn keinen Glauben? –
fängst an, zu erschrecken und zu erbeben.«
In deiner Angst betest du laut:
»Meine Seele ist zu Tode betrübt.
Abba, Vater, alles ist dir möglich.«
Du bist doch allmächtig oder nicht?
»Nimm fort diesen Kelch, nimm weg
diese große, unerträgliche Angst.«
Jetzt bist du ganz Mensch – wie wir alle.
Ich danke dir, Jesus, dass auch ich
meine Angst offen aussprechen darf.
Gib mir die Kraft, dass ich wie du –
trotz meiner Angst – zu beten versuche:
»Vater, jedoch nicht was ich will,
sondern was du willst – geschehe.«

TH. SCH.

Gott

Gebeugt und bedrückt
Zusammengerollt
In die Ecke gedrängt
Auf mich allein gestellt

Schreie ich
In mich hinein
Auf dich hin

Unbehaust
Am Rand des Grabes
Verstummt
Wortlos
Lautlos

Schreie ich in mich hinein
Auf dich hin

Höre mich
Richte mich auf
Befreie mich

Entfalte mich
Weite mich
Öffne mich
Entreiß mich mir

Banne
das Böse
den Tod
das Dunkle

ich schreie
in mich hinein
auf dich hin

A. R.

Herr, Du Gott meines Heiles,
in meiner Not schaue ich auf Dich.
Sind es Deine Arme und Hände – geschunden
und wund, das zerfetzte, rote Gewand?
Zeigen sie Deinen Schmerz, Deine Liebe?
Bist Du es, der dieses Kreuz auf sich nimmt?
Dein Gesicht ist mir verborgen. Dein Blick,
der so viele Menschen angeschaut, getröstet,
geheilt hat, erreicht mich nicht mehr.
Tiefe Nacht ist um Dich, Nacht des Leides,
der Schmerzen, der Hoffnungslosigkeit, Deine
eigene Nacht und damit die der ganzen Welt
zu allen Zeiten. Diese grenzenlose Nacht
mit ihrem gesichtslosen Schmerz trifft mich
in meiner Not. Du hast Dich entzogen,
bist mir fremd geworden. Da ist nichts mehr,
an das ich mich halten kann, das mich trägt
oder tröstet. Damals trugst Du das Kreuz bis
zum Ende, bist nicht verzweifelt, hast nicht
aufgegeben. Kann ich mit Dir heute dieses
Kreuz umklammern, mit Dir gehen, in meiner
Hoffnungslosigkeit, meiner Angst und Not,
auch ohne Dich zu sehen? Ist das der Weg?
Herr, Du Gott meines Heiles, zu Dir schreie
ich am Tag und bei Nacht. (Ps 88,2)

D. Th.

Ach, Herr, du gingst vorüber
und lässt dein Bild zurück.
Ein Foto deiner Seele
und meiner Seele voll Sorge, Angst und Not.
In diesem Bilde ist dein Leiden aufgenommen.
Ist mein Schmerz auch darin »abgelichtet«?
Ich schleppe mich so mühsam vorwärts.
Was wird auf meinem Weg noch kommen?

Ach, Herr, das Bild
ist dir aus dem Gesicht geschnitten
und drin gebannt sind deine Wunden.
Halt du mich fest und schau auf mich,
sei mir in diesem Bild verbunden.
Lass unsere Tränen leise fließen
aus weißen Lebensfalten
den Weg hinein in angeschlagene Schalen.

Wohin, was wird mich halten?
Da sehen welche – Dank – die Not
und halten sie
in treuen Tüchern fest:
Ich blick auf dich und du auf mich,
es ist dann nicht so schwer.
Lass mich dein wahres Bild sehn
zum Trost, ach, Herr.

F. Sch.

Sieh doch, Gott, sieh und schau, ob ein Schmerz
dem meinen gleicht. Mir fehlen die Worte in der
Tiefe des Leids. Höre die Klage, die mir das Herz
zerreißt. Ich halte das Liebste in meinen Armen,
zerschunden und blutend, zu Tode gequält. Sieh
auf mich und auf die vielen, meine Schwestern
in Leid und tiefer Trauer, die den Sohn, den Mann,
den Liebsten behutsam halten in ihren Armen
und im Herzen in letzter Liebe.
Sieh doch, mein Gott, sieh und schau, ob ein
Schmerz dem unseren gleicht. Klagen und Fragen:
Warum nur? Warum? Sie sind verstummt,
die Tränen versiegt, das Herz erschöpft. Kennst
du die Not? Den tiefen Schmerz, der keine Worte
findet? Mein Sohn gab sein Leben in deine Hände
zurück. Er ist nun in Frieden. Muss auch ich ihn
geben in deine Hände zurück?
Du sandtest in Urzeit am Abend die Taube mit
dem grünen Zweig zur Arche zurück.
Du legtest dem Künder vor langer Zeit das
Wort in den Mund: Die Treue des Herrn, sie ist
nicht erschöpft, sein Erbarmen ist neu an jedem
Morgen. Sende auch uns die Taube der Hoffnung.
Sprich auch zu uns ein Wort voller Kraft. Denn weit
ist der Weg zu diesem Glauben, dass auf den Tod
das Leben folgt. – Hilf uns, Herr, erbarme dich.

M. W.

Jesus, Gottes-Knecht und Menschen-Knecht,
du hast vollbracht den Dienst an uns,
dein Leben für uns, dein Leiden, dein Lieben.
Verdunkelt ist noch immer die Sonne, traurig über den
Tod des Gerechten, erschüttert über der Menschen
Schuld, die solches getan.
In des Retters Hingabe hineingetaucht ist der Himmel,
blutrot, uns erinnernd: So liebt Gott!
Freunde haben deinen toten Leib vom Kreuz gelöst
und ins Grab gebracht.
Du ruhst im Abgrund der Erde, deren Grund du
geworden. Dein Kreuz ragt als Zeichen des Menschen
hoch aufgerichtet am Horizont. Auch die Schandpfähle
der Verbrecher, des gerechtgemachten und des sich
selbst richtenden.
Doch mitten im Bild – welche Aufdeckung! –
ein Kreuz, mein Kreuz,
ganz nahe an deinem Kreuz, Jesus.
Ich komme am Kreuz nicht vorbei,
ich kann ihm nicht entkommen.
Als dein Jünger, Jesus, bin ich gezeichnet mit dem Kreuz.
Ich will es umarmen, bevor es mich erschlägt,
mein Kreuz, ganz nahe an deinem Kreuz.

E. L.

Ausgeliefert – dem zerstörenden Sturm!
Hingegeben – den gewaltigen Wassern!
Zerfranst – durch die Macht der Wellen!
Wie mein Lebensschiff: ins Stocken gekommen,
ins Fahrwasser der Bedrängnis, des Schreis ...

Und du, Herr – mittendrin?
Deine Zusage – trotzend dem See?
Deine Hand – schützend über allem?
Sieh meinen Glauben: in Zweifel geraten,
in den Strudel der Schwere, der Nacht ...

Warum – gerade ich?
Weshalb – ich meinte es doch gut?
Wozu – all das Ganze?
Sieh meine Angst: ins Bodenlose gesunken,
ins Tal der Fragen, der Unsicherheit ...

Aussteigen – alles hinter mir lassen!
Durchbeißen – jetzt erst recht!
Aufgeben – es hat doch alles keinen Sinn!
Sieh meine Hoffnung: auf dich geworfen,
ausgestreckt nach dir: Verlass mich nicht!

D. E.

Zerfurchte Erde,
karg,
mit aufgeworfener Gebärde,
wer wird dich segnen?

Bleierner Himmel,
arg,
wie aus vergilbtem Schimmel,
was wird uns daraus regnen?

Kappe, Hemd und Kragen
von einem Clown getragen,
weiß,
zum Schrecken ausgesetzt.
Was hat ihn so verletzt?

Lebendiger Sturm,
reiß,
bis uns der Himmel bricht.
Bring Wasser und bring Licht!

Verhängtes Kreuz,
quer!
Gepflanzt auf öde Fläche,
dass Leben daraus breche.

A. S.

Das Haus stürzt ein, das Haus meines Lebens. Und mit ihm die Kirche, mein Glaube, der mir Halt gab, bislang, in den Stürmen, die an mir rüttelten. Ins Wanken geraten ist der Rahmen, in dem ich mich Tag für Tag bewegte; die Sicherheiten meines Daseins sind in Auflösung begriffen. Um mich her Nacht und Kälte, die wie die Angst an mein Lager kriechen, auf das ich mich zurückgeworfen finde. Ohne Schutz liege ich auf dem Rücken wie ein zu Boden geworfenes Insekt, ohne Wehr den Angriffen ausgesetzt, von allen Seiten, von vorn, von oben. Den Gewalten des Daseins und meinem Innersten ausgeliefert bricht die Nacht des Todes über mich herein. Und ich – ich liege in meinem Gefängnis, hilflos wie ein Sträfling, als Sünder da; den Kopf abgewandt von mir selbst. Nur schreien kann ich noch, um Hilfe rufen, vor aller Augen, vor mir selbst, vor Dir, mein Gott, den ich anrufe:
Gott, o mein Gott, komm Du mir zu Hilfe in der Not, die größer ist, als meine Vorstellung sie zu fassen vermag. Zeige mir, dass Du mich nicht vergessen hast und nicht aufgegeben, auch dann nicht, als ich an Dir zweifelte, Dir nichts mehr zutraute. Ich brauche die Gewissheit, dass mein Leben nicht umsonst ist, nicht ganz und gar verpfuscht. Wenn einer sie zu geben vermag, dann Du, Starker, Versöhner, Lebenskraft. Halte mich fest.

TH. ST.

Aus der Ferne kommst
du auf mich zu
Kreuz des Himmels

den Weg hinunter
fließend
lichte Liebe
in mein Leben

zwischen
strahlenden Steinen
wird dann
Vernarbtes
Geweintes
und
Gesuchtes
heilen

um in deinen Schoß
aus dem die Wege
der Welt gewebt sind
aufzuerstehen

I. H.

Zweifel und Fragen im Herzen

(Lk 24,38)

Ach Gott,
ein weiter Weg liegt vor mir.
Wohin er mich führt ? – Ich weiß es nicht.
Und nirgendwo jemand, den ich fragen könnte.
Und keiner, der mit mir ginge.
Nein, ich will nicht aufgeben,
ich will diese Durststrecke bestehen.
Aber ich schaffe es nicht aus eigener Kraft.

Darum, Gott, denk an deinen Namen,
du »Gott-mit-uns«.
Und bleib an meiner Seite.
Gib meinen Schritten neue Kraft.
Und meinem Herzen wieder Mut.
Gib meinem Weg ein festes Ziel.
Und meiner Seele weiten Raum.
Sei deinem Namen treu,
du »Gott-mit-uns«.
Und segne mich
Schritt für Schritt.

R. H.

Immer wieder muss ich hinabsehen:
hinab in die Dunkelheit meiner Seele,
von der ich nichts wissen will.
Hinab in die Abgründe der Welt,
die mich erschrecken.
Hinab in die Tiefen des Lebens,
die mir unergründlich und rätselhaft sind.
Ich habe Angst vor dem Blick hinab:
Halte ich es aus, meiner Angst und Schuld zu begegnen?
Ertrage ich es, mich der Wirklichkeit von Not und Elend,
Gewalt, Schrecken und Tod zu stellen?
Am liebsten würde ich meine Augen verschließen.
Aber wenn ich standhalte, wenn ich genau hinsehe,
hinab bis zum Grund?
Vielleicht zeigt sich im Dunkeln mein Gesicht –
und ich kann mich finden.
Vielleicht spiegelt sich im Abgrund der Himmel –
und er tut sich mir auf.
Vielleicht scheint in der Tiefe eine andere Wirklichkeit
auf – und Du bist mir ganz nah.
Herr, gib mir Mut, ins Dunkle, in die Abgründe,
in die Tiefe zu schauen.
Herr, lass mich das Licht auf dem Grund finden,
das lebendige Wasser – und Dich.

U. Z.

Unendlicher Raum, grenzenlose Weite, offen
nach allen Richtungen. Nichts ist festgelegt:
unstetes Umherirren,
verloren in der ortlosen Wüste ...
Aber, Gott, wo ist da mein Platz,
ein Ort, an dem ich sein kann:
bei mir sein kann! Bei Dir sein kann?
Ein Ort, der mich birgt ...
Da! Spärlich nur abgegrenzt mit
ein paar Steinen: ein Ort, mein Ort inmitten
der unendlichen Ortlosigkeit. Und da!
Die Rundung – schlicht, aber deutlich.
Sie zeigt mir die Richtung, orientiert mich.
Unter all den vielen Möglichkeiten,
inmitten der Orientierungslosigkeit – eine Richtung:
auf Dich hin!
Ich falle nieder auf Knie, Stirn und Hände:
Nun bin ich ganz hier, bei mir, bei Dir.
Heiliger Boden!
Ich gehe wieder hinaus – aber anders,
als ich hineinging, Dir zugewandt –
und Du: mir zugewandt.
Inmitten der Ortlosigkeit,
inmitten der Orientierungslosigkeit
habe ich meinen Ort, mein Ziel,
meinen Weg gefunden: Dich, Gott!

H.-M. Sch.

Ich ringe.
Es kämpft in mir.
Und ich weiß nicht,
wie dieser Kampf ausgehen wird.

Ich spüre:
Er bindet meine ganzen Kräfte,
reißt mich aus meiner sicheren Mitte heraus,
wirbelt mich hin und her.

Er stellt mich vor Fragen,
auf die ich noch keine Antwort gefunden habe.
Er ruft mich auf einen Weg,
der mir noch unbekannt und verborgen ist.

Ich bitte Dich,
dem Kampf gewachsen zu sein,
ihn ausfechten zu können,
mich zu stellen,
standzuhalten
und nicht davonzulaufen.

Wenn Du willst,
dann lass mich aus ihm
stärker, klarer und
gereifter hervorgehen.

J. G.

Herr, ich rufe in meiner Verzweiflung zu Dir.
Ich kann meine Hände nicht öffnen,
der Schmerz hat sich in sie eingegraben.
Ich fühle mich alleingelassen – von Dir und von der Welt.
Herr, zu Dir schrei ich Tag und Nacht.
Willst Du mir nicht antworten? Bleibst Du stumm?
Interessiert Dich eigentlich mein Leben?

Ich sehe nicht bloß meine Not,
ich sehe die Not anderer Menschen –
es gibt so viele, die mit ihrem Leben nicht mehr
zurechtkommen, es läuft so vieles quer.
Junge Menschen klagen Dich schon an,
weil Du ihnen nicht hilfst.
Sie können nicht verstehen, dass die Welt
so voll ist von Grausamkeit, von Schmerz,
sie zweifeln an Dir und Deiner Wirksamkeit.

Ach, Gott, wann werde ich Dich wieder erfahren
als den, der mich kennt und versteht?
Wann wirst Du meine Not wenden?
Oder muss ich selbst zusehen,
dass sich etwas ändert?
»Hilf dir selbst, dann hilft dir Gott!«
Gilt das jetzt auch für mich?
Ich möchte so gern wie Ijob sagen:
»Jetzt hat mein Auge Dich geschaut.«

W. G.

Aus der Traum!
Vorbei die glückseligen Tage
der Klarheit des Weges,
der offenen Zukunft,
des Tanzes in Freiheit.
Vorbei das unbeschwerte Lachen,
die Zärtlichkeit des getragen Seins
durch Freundschaft, Liebe und Geborgenheit.
Zerbrochen das Glück, durchkreuzt die Pläne.
Angst umflutet mich
und Schwermut beugt mir das Haupt.
Es geht nicht mehr weiter.
Ohne Aussicht bin ich
auf mich selbst zurückgeworfen.
Die Mühsal ist mir zum täglichen Brot geworden.
Ach, Herr, es ist genug!
Und doch blüht der Ginsterstrauch
inmitten der Wüste,
schon immer im Rücken mir – ins Leben hinein.
Und doch bleibt dein anrührendes Wort:
Steh auf und iss!
Im Brot finde ich dich
gebrochen wie du und ich.
Im Brot finde ich dich.
Du.
Berührendes Wort der Liebe und Verlässlichkeit.

A. H.

Herr, höre mein Gebet!
Den Abgrund vor Augen schreie ich zu dir.
Ich kann nicht mehr! Verzweiflung packt mich.
Mein ganzes Leben ist mir zur Last geworden.
Erhöre mich! Lass mich deine Nähe spüren!

Ausgebrannt, verhöhnt und von allen verlassen
schütte ich vor dir, Herr, meine Sorge aus.
Die Angst, keine Zukunft zu haben, legt sich
wie ein dunkler Schleier auf meine Seele.
Wie ein einsamer Vogel auf dem Dach klagt,
rufe ich, dass du die Dunkelheit zerreißt.

In der Mitte des Lebens erlahmt meine Kraft,
erschreckt von der Bilanz des bisher Gelebten
und beunruhigt über meine ungelösten Fragen.
Verstrickt in vermeintliche und reale Schuld
quäle ich mich schlaflos durch lange Nächte.

In meiner Not rufe ich zu dir, mein Gott.
Wo bist du, Herr? Verbirg dich nicht vor mir!
Auf die Spitze treibe ich die Suche nach dir,
mein Herz sehnt sich nach deiner Gegenwart.
Doch kein Mensch schenkt mir Ruhe und Heil.

Du aber bleibst, der du bist, treuer Gott.
Lass mich und die Meinen an jedem Tag spüren,
dass du bei uns bist für immer und ewig.

W. K.

Du gehst dem Verlorenen entgegen;
du wendest dich dem Strauchelnden zu;
du führst den Ausgestoßenen
wieder in die Mitte der Menschen
und bringst ihn hinein zur Feier des Lebens.
Wenn ich am Ende meiner Kraft bin
und mir das Vertrauen schwer fällt,
wenn die tragenden, Leben stiftenden Beziehungen
zerrissen sind
und ich verloren in der Luft hänge,
wenn ich selbst meine Gottesbeziehung nicht mehr spüre
und tiefe Verzweiflung mich bedroht,
wenn ich mich vom Gott der Hoffnung entfernt habe:
Halte du mich mit deinen Armen
und wende mir dein Gesicht zu –
tröstend, versöhnend, heilend.
Lass mich aus deiner Zuwendung Kraft schöpfen
und in deiner Nähe Luft holen.
Daran halte ich fest:
Wenn ich mich verrannt und verlaufen habe,
du wirst mich suchen.
Wenn ich verletzt bin,
dein Nahekommen wird mich heilen.
Wenn ich die Orientierung verloren habe
und vor Abgründen stehe, du bist bei mir.
Wenn ich im Staub gelandet bin und nicht mehr gehen kann,
du trägst mich.

J. K.

IES
NAZAR

Ohne dich kann ich nicht leben.
Du fehlst mir –
deine Stimme, deine Worte,
was du sagst,
wie du es aussprichst.

Ohne dich will ich nicht leben,
Herr!
Deshalb suche ich dich
bei den Gräbern und den Steinen im Morgenrot.

Könnte ich doch glauben,
dass du mir nahe kommst!
Könnte ich doch wieder spüren,
wie heilend deine Gegenwart ist!

Reiß mich aus Trauer und Tränen,
widersprich meinem todessüchtigen Willen,
zeig dich uns als der Christus,
der Auferstandene,
der Lebendige,
der Tröster.

K. B.-M.

Wärst Du nicht gekommen
in die Dunkelheit
der Menschheitsgeschichte
der Sterngezeiten
der Weltallrätsel

Wärst Du nicht Mensch geworden
in unserer Welt der Ideologien
der Machtspiele und Lügengespinste
der Kriegslügen und Rüstungswettläufe

Wenn wir nicht
Dein Antlitz kennten
nicht Dein Wort

Du Bote Gottes
Du Sohn
Du Menschenbruder

Wir müssten vergehen
in den Finsternissen
die alles umhüllt
was ist

Du Alpha
Du Omega

Wo Licht ist
bist Du

TH. H.

In deinem Herzen die Hoffnung

(Jud 6,9)

Voll Freude ist mein Herz,
denn du, Gott, hast mich gerettet.
Ich war in Not.
Die Angst hatte mich eingeschlossen.
Ich konnte nur noch klagen
über alles, was verloren ging.
Aber jetzt weicht das Dunkel zurück.
Du machst mein Leben hell und froh.
Du stellst deinen Bogen in die Wolken.
Er ist das Zeichen deiner unwiderruflichen Liebe
und Barmherzigkeit:
Niemals lässt du mich zugrunde gehen.
Gott, du Freund des Lebens,
du schützt mich vor allem, was mich bedroht.
Und wenn doch wieder
dunkle Wolken am Horizont aufziehen,
wenn ich unterzugehen drohe in Fluten von Arbeit,
Ärger, Sorgen, Trauer und Schmerzen?
Dann erinnere mich
an das Zeichen deiner Treue!
Dann ermutige mich,
die Taube meiner Hoffnung auszusenden,
bis sie mir den Ölzweig bringt und kündet:
»Land ist in Sicht!
Gott hat dir festen Grund bereitet.«
Du, treuer Gott, bist meine Zuversicht!

B. E.

Du kennst mich, mein Gott. Manchmal strömt vieles auf mich herein. Dann fällt es mir schwer, den Überblick zu haben. Trotzdem begleitest du mich und hältst deine Hand schützend über mir. Ich denke daran: Du bist bei mir, seit ich geworden bin. Ich sehe, dass sich viele Mitmenschen am Leben aufreiben. Sie rechnen nicht mit dir und vertrauen nur sich selbst. Sie sind oft erfolgreich, werden bestaunt und machen Karriere. Gib mir Kraft, dass ich dich in meinen Erfahrungen erkenne und aufrichtig meinen Weg gehe. Lass mich zu dir aufschauen, denn ich will den Dingen dieser Welt nicht erliegen. Wenn ich mich selbst nicht mehr erkennen kann, rufe mich bei meinem Namen und sage mir, dass du mich kennst. Gib mir eine innere Haltung, die mich in dieser Zeit so trägt, dass ich zuversichtlich bleiben kann. Schenke mir ein gesundes Selbstvertrauen, aber bewahre mich davor, überheblich zu sein. Wende meinen Blick zu dir nach oben und zu meinen Mitmenschen. Zeige mir deinen Weg. Es ist gut, dass ich mit dir rechnen darf. Du stehst schützend neben mir. Du bist meine Zuversicht.

M. St.

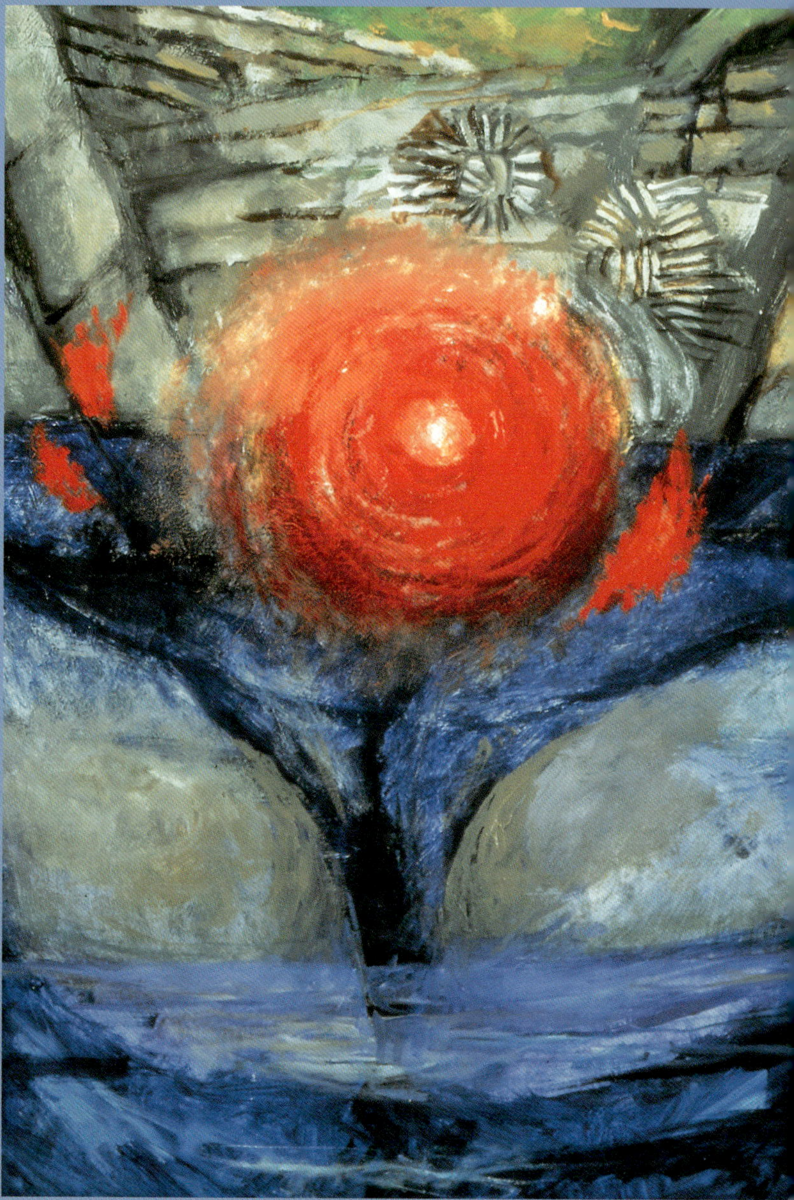

Gott – Anfang und Ursprung,
Ziel und Vollendung allen Seins.
So sagt der Glaube. So feiern wir dich, den Schöpfer.
Ich möchte und bitte, dass dieser Glaube
auch mein Glaube werde.
Was Forscher in vielen Generationen dieser Weltzeit ans
Licht gebracht haben und täglich neu ins Licht heben,
macht mich Staunen.
Gleichzeitig erschrecke ich ob der Fülle der Daten
und Ergebnisse und mir wird bang,
weil ich mein kleines Leben darin nicht unterbringe.
Ich – ein Teil des Ganzen? Oder – wie der Glaube sagt –
der Schöpfung Gipfel und Ziel – ich?
Mein Verstehen reicht nicht aus für das Große,
das du, Gott, geschaffen hast.
Mir bleibt nur Lobpreis und Dank.
Mit den Betern früherer Generationen lade ich die
Elemente deiner Schöpfung ein:
Preist den Herrn, all ihr Werke des Herrn.
Preist den Herrn, Sonne und Mond.
Preist ihn, all ihr leuchtenden Sterne.
Preist ihn, alle Himmel.
All ihr Wasser, preist den Herrn.

H. F.

Ach, Gott, ein Leben lang fällst du mir schwer.
Ich, Vaters Schatz, jung und im bunten Rock.
Du aber, deine Träume mit mir,
meine Träume mit dir:
Zum Ekel wurde ich damit den andern.
Dir treu – und verlassen, verraten, verkauft.
Nur deine Weisheit hält und trägt noch:
Da – der Häftling schenkt Rat, Josef wird groß,
hungerndes Volk wird satt.
Mehr noch: die Brüder da wie verwandelt.
Oh Benjamin, Kind meiner Mutter,
lass dich umarmen, ich fasse es nicht!
Und all das nur, mein Gott, damit ich
in einer solchen Welt dich suche und finde.
Du – größer denn je.
Du ganz anders, als ich dich gern hätte!

Ja, meine Seele, lass los, wo es bodenlos wird.
Träume wider alle Vernunft: DU BIST DA!
Umarme als Pfand den Nächsten, den Augenblick.
Josefs Gott, Benjamins Gott, du unser Gott:
lebenslang da auf dem Weg.
Dazwischen da, wo es eng wird.
Erst recht im Rückblick: Du – nichts als Treue.
Unheimlich – heimliches Glück:
überzeugt sein von dir. Gnade. Es sei!

B. K.

Ich werfe meine Augen zum Himmel,
mein Blick durchbohrt die Erdatmosphäre,
ich suche dich, Gott,
wo bist du.

Die Frau in mir sucht dein zartes Licht,
der Mann in mir den treffenden Strahl,
ich ersehne dich, Gott,
wer bist du.

Die Pflanzen strecken sich aus nach dir,
der ganze Erdkreis liegt in Wehen,
ich hoffe auf dich, Gott,
wann kommst du.

Dein Feuer entfacht die Steine,
deine Flut bricht sich Bahn in den Herzen,
Gott, nach dem ich verlange,
du bist es,
Gott.

Ch. B.-Sch.

Mauern
lässt du mich
durchbrechen
mein Gott –
dunkle Mauern der Trauer
dicke Mauern der Gleichgültigkeit
fest gemauerte Barrikaden der Enttäuschung
erdrückende Bollwerke der Angst
hinaustreten
lässt du mich
mein Gott –
ins Helle
ins Freie
unter deinen offenen Himmel
ich folge der frischen Luft
der Verheißung des Lebens
aus deiner Hand
mein Gott –
stelle den Fuß hinaus, der so mühselig ging
gewinne Stand, den anderen nachzuziehen
ins Freie
ergreife den Stab der Zuversicht mit der einen
und packe das Notwendigste mit der anderen
Licht fällt auf mein Gesicht
mein Gott –
hinaus ins Freie!

C. St.

Ich öffne meine Hände – und schaue:
die junge Frau, die ganz bei sich ist,
ihre Hände, die sie offen hinhält,
das Blau des Himmels, das sie umgibt,
das Grün der Erde, dem sie sich öffnet,
die Christrosen, die ihr entgegenwachsen.
Ich sehe Gelassenheit und Hingabe,
Offenheit für Wachsen und Vergehen,
Offenheit für alles, was kommt.

Ich öffne meine Hände – zu Dir, Gott.
Hier bin ich, Dir bringe ich mein Leben:
meine Unruhe und meine Fragen,
mein Sehnen und Suchen,
die Ohnmacht und Zweifel in mir,
das Leid, das mir entgegenwächst
in mir und um mich herum.

Ich öffne meine Hände – und empfange:
tiefen Atem, Ruhe,
Kraft für Wachsen und Vergehen,
Leben von Dir, Gott.

B. J.

Immanuel, Gott mit uns:
einfühlend, zupackend, mittragend –

wenn ich unter Lasten stöhne
von Menschen aufgebürdet
vom Leben auferlegt –
wenn Krankheit mich niederdrückt
Arbeitslast zu schwer wird
Macht der Mächtigen mir im Nacken sitzt –
wenn ich mehr wanke als gehe
den Rücken krumm, die Knie weich –
dann schick mir einen Menschen, Gott,
einen Menschen, der mir unter die Arme greift
mich eng umfasst und stützt
mittragend mir die Last halbiert!

wenn ich einen Menschen sehe
beladen, gebeugt, niedergedrückt
mehr wankend als gehend –
nötige mich, Gott, ihm unter die Arme zu greifen
wenn ich nicht von selbst anpacke
mich ihm leibhaft zu verbünden,
seine Last mitzutragen!

So will ich verkörpern und ausstrahlen
wer du bist: Immanuel, Gott mit uns:
einfühlend, zupackend, mittragend

W. V.

»Herr, mein Herr, was willst du mir schon geben?« (Gen 15,2)
Ich steh' vor dir mit leeren Händen, Herr...
Herr, du hast mich herausgerufen
aus dem Nest der Kindheit,
aus der Geborgenheit im Festgefügten.
Die Weite deiner Verheißung hat mich gelockt,
die Sehnsucht nach dem »Leben in Fülle«,
das du versprichst,
nach dem »Land«, das du zeigen willst.
Doch je länger der Weg,
umso ferner wirst du mir.
Öde und Dürre trocknen meine Seele aus,
der Trott macht mich müde
und die Nächte des Zweifels kommen:
Was willst du mir schon geben?
Was will ich schon erwarten?

Du Gott Abrahams,
du rufst in der Nacht.
In der Nacht lässt du die Sterne hervortreten:
den Leitstern, der den Weg zeigt.
Lass mich aufschauen zu Ihm,
die leeren Hände und das leere Herz öffnen,
damit du sie füllen kannst
mit der Kraft Seines unerschütterlichen Vertrauens
auf dich, Seinen Vater!

Th. K.

Herr, voll Zuversicht schaue ich auf zu dir.
Du bist für mich wie eine offene Hand,
die bereitwillig gibt,
ohne Bedingungen zu stellen.
Wenn ich Hunger und Durst habe nach Leben,
wenn ich müde und ausgelaugt bin,
wenn ich Erfrischung brauche,
dann wende ich mich dir zu und weiß:
Du erfreust mich mit deinen Gaben
an Seele und Leib.
In den Früchten dieser Erde spiegelt sich deine Güte.
Du bist für mich wie erfrischendes Wasser,
das mich belebt und meinen Durst stillt.
Deine Nähe ist wie ein reich gedeckter Tisch,
an dem ich mich niederlassen kann,
um mich zu stärken.
Gegen Resignation und Angst
gibst du mir Kraft und Mut.
Deine Hand begleitet mich auf meinem Weg.
An dir erfreue ich mich und bin dir dankbar,
dem Geber alles Guten.

J. B.

Bildnachweis

Seite 10:	Mirjam
Seite 12:	Engelskonzert (Ausschnitt)
Seite 14:	Quelta (Ausschnitt)
Seite 16:	Jakobs Traum
Seite 18:	Labyrinth und Rose (Ausschnitt)
Seite 20:	Ich will das Morgenrot wecken (Psalm 57)
Seite 22:	Blick aus einem Fenster in Tübingen
Seite 24:	Ihre Kinder wird man auf den Knien schaukeln
Seite 26:	Ihr habt mir zu essen gegeben (Ausschnitt)
Seite 28:	Ich habe dich eingezeichnet in meine Hand. Rosenberger Altar (Ausschnitt)
Seite 32:	Am Ölberg (Ausschnitt)
Seite 34:	Der Hahn des Petrus (Ausschnitt)
Seite 36:	Er trug sein Kreuz. Kreuzweg Bensberg
Seite 38:	Veronika. Kreuzweg Wasseralfingen
Seite 40:	Jesus wird in den Schoß seiner Mutter gelegt. Kreuzweg Wasseralfingen
Seite 42:	Auf dem Weg in ein Dorf namens Emmaus. Rosenberger Altar (Ausschnitt)
Seite 44:	Sturm auf dem See
Seite 46:	Vogelscheuche: Pierrot
Seite 48:	Ich liege wach und ich klage wie ein einsamer Vogel auf dem Dach (Psalm 102) (Ausschnitt)
Seite 50:	Am Cebreiro-Pass (Ausschnitt)
Seite 54:	Durch die Meseta (Ausschnitt)
Seite 56:	Die Frau am Jakobsbrunnen
Seite 58:	Moschee in der Wüste (Ausschnitt)

Autorinnen und Autoren

JOSEF BIRK, *Pastoralreferent, Esslingen*

KATHRIN BUCHHORN-MAURER, *Pfarrerin und Studienleiterin, Stuttgart*

DR. CHRISTIANE BUNDSCHUH-SCHRAMM, *Referentin am Institut für Fort- und Weiterbildung der Kirchlichen Dienste, Rottenburg*

DR. ANGELIKA DAIKER, *Referentin für Trauer- und Sterbebegleitung, Stuttgart*

DR. DIETER ECKMANN, *Habilitand, Tübingen*

DR. BERNHARD EHLER, *Leiter des Diözesanexerzitienhauses, Leitershofen*

MARTINA FEDDERSEN, *Pastoralreferentin, Rottenburg*

HERIBERT FEIFEL, *Pfarrer, Stuttgart*

JENS GÖLTENBOTH, *Studentenseelsorger, Ulm*

DR. WOLFGANG GRAMER, *Pfarrer, Marbach*

RUDOLF HAGMANN, *Pfarrer, Ravensburg*

THERESIA HAUSER, *Schriftstellerin, Germering*

DR. ANNA HENNERSPERGER, *Pastoralreferentin, Passau*

SUSANNE HERZOG, *Pastoralreferentin, Bildungsreferentin, Esslingen*

IRIS HORSTMANN, *Geistliche Leiterin BDKJ, Münster*

BEATE JAMMER, *Pastoralreferentin, Albershausen*

BERNHARD KAH, *Pfarrer, Ravensburg*

THOMAS KELLER, *Pfarrer, Ulm*

WOLFGANG KRAMER, *Krankenhausseelsorger, Esslingen*

DR. JOHANNES KREIDLER, *Weihbischof, Rottenburg*

ERICH LEGLER, *Pfarrer, Friedrichshafen*

Sr. Paulin Link, *Generaloberin Kloster Reute, Bad Waldsee*
Dr. Thomas Meurer, *Theologe und Religionslehrer, Münster*
Roland Rossnagel, *Spiritual, Rottenburg*
Dr. Anton Rotzetter OFMCap, *Autor, Altdorf*
Theo Schmidkonz SJ, *Priesterseelsorger, Krumbach-Krumbad*
Hans-Michael Schneider, *Subregens, Rottenburg*
Frank Schüssleder, *Krankenhausseelsorger, Münster*
Dr. Hans Schuh, *Dozent für Religionspädagogik, Rottenburg*
Anton Seeberger, *Pfarrer, Stuttgart*
Thomas Steiger, *Pfarrer, Tübingen*
Martin Stöffelmaier, *Pfarrer, Baiersbronn*
Dr. Clemens Stroppel, *Regens, Rottenburg*
Sr. Dorothea Thomalla, *Exerzitienleiterin, Kloster Heiligenbronn/Schramberg*
Wolfgang Tripp, *Diözesancaritasdirektor, Stuttgart*
Heinz Vogel, *Pfarrer, Freiburg*
Wilfried Vogelmann, *Referent für Männerarbeit, Stuttgart*
Sr. Marcella Welte OSB, *Abtei St. Erentraud, Kellenried*
Ursula Zeh, *Seelsorgerin für Menschen mit Hörschädigung, Esslingen*
DDr. Paul M. Zulehner, *Theologieprofessor, Wien*

Sieger Köder, *geboren 1925, Studium an der Kunstakademie Stuttgart, 1954 bis 1965 Kunsterzieher in Aalen. Studium der Katholischen Theologie in Tübingen und München. Priesterweihe 1971. Bis 1995 Pfarrer in Hohenberg und Rosenberg. Lebt im Ruhestand in Ellwangen. Zahlreiche Arbeiten im Kirchenraum; Ölbilder, Zeichnungen, Illustrationen.*